곽민숙 시집

rainbow 032

봄, 푸른 달빛에 꿈꾸다

슬슬 어둠 피어오르면
이슬 머금은 푸른 달빛
어여쁜 그림자

그 푸른 달빛에 꿈을 꾼다

곽민숙
感性 詩集

봄, 푸른 달빛에 꿈꾸다

곽민숙 시집

초판 발행 2013년 10월 7일

지은이 곽민숙
펴낸이 안창현 펴낸곳 코드미디어
북 디자인 Micky Ahn 편집디자인 김도경 교정 교열 장창조

등록 2001년 3월 7일 등록번호 제 25100-2001-5호
주소 서울시 은평구 갈현1동 419-19 1층
전화 02-6326-1402 팩스 02-388-1302 전자우편 codmedia@codmedia.com

ISBN 978-89-94178-73-8 03810

정가 10,000원

봄, 푸른 달빛에 꿈꾸다

곽민숙 시집

시인의 말

시를 사랑하고

나를 사랑하고

내 삶을 사랑하고 싶습니다.

2013년 가을 어느 날 곽민숙

젖은 억새풀처럼
바람에 제대로 흔들리지도 못하고
흐르는 세월 속에 점점 시들어
눕고만 싶었던 날들
보내고 또 맞는 계절과
꼿꼿이 맞설 수 있는 내가 되고플 때
시를 썼습니다.

내어놓기 부끄러워 끌어안고
가슴앓이만 하던 나의 분신들
이제, 밖으로 떠밀어 보냅니다
가슴 활짝 열고
다가올 계절을 기다리며
시를 사랑하고
나를 사랑하고
내 삶을 사랑하고 싶습니다.

어떤 경우에도 늘 내 편인 사랑하는 남편과 소중한 딸과 아들, 든든한 힘이 되어주시는 부모님과 가족 친지들 그리고 시를 쓰는데 많은 가르침을 주신 이동륜 선생님, 지연희 선생님을 비롯한 존경하는 스승님들, 선배님들 , 후배님들 그리고 문학을 사랑하는 모든 문우님들께 저의 수줍은 첫 시집을 드립니다.

contents

01

오래된 나무

02

은은한 별빛

contents

03

꽃단풍 들다

04

낮게 피어나

contents

05

달빛에 꿈꾸다

오래된 나무

01

돌다, 새벽이 온다

초라한 숲
너덜너덜 껍데기만
간신히 붙어있는
오래된 나무

어여삐 피어났던 들꽃무리
모두 가고
허허로운 들판에
은은한 달빛

잠시
잃었던 기운 되찾고
반짝 얻은 생기로
허기진 마음 달래노라면

스산한 바람 일어
시린 가슴
지질 숲 보드는 상넘
밤새 빈 숲을 돌고

돌다 새벽이 온다

그렇게 살고 싶다

숨 가쁜 오르막길 올라
신선한 바람 맞으면
한 세상 그런 바람으로

비탈진 양지쪽
돌 틈 사이
예쁘게 피어있는
꽃무리들 보면
한 세상 그런 꽃으로

따가운 햇빛
무수히 쏟아져 내릴 때
막아주는 무성한 잎, 커다란 나무처럼
한 세상 그런 나무로

누군가에게
기쁨과 행복과 사랑을 전하며
선한 마음으로 사는 어여쁜 사람들처럼
한 세상 그런 사람으로

자유

스스로 열지 못하면
묶일 수밖에 없는
마음
훨훨 날고 싶어도
결국엔 제자리
항상 비상飛上을 꿈꾸지만
그 뿐

머언 창공
내다만 보다
그대로 갇혀지고
밖으로 차고 나올 수 없는
여린 몸짓
점점 더 닫혀지는
갑갑증

그만
깊은 잠에서 깨듯
마음 열고
한 발 내딛으면

온 몸에 느껴질
신선한 바람
온 몸에 감겨올 자유

밤빛

까만 나뭇가지
요란하게 주렁주렁 열린
별빛

동구 밖 서성이다
돌아와 문풍지에 매달린
달빛

밤새 스미어 가슴 안을
몽롱하게 헤집는
하늘빛

주절주절 엮다
깨고 나면 못내 아쉬운
밤빛

백록담에는

빈 못 가득
맴도는 바람

구르고 구르다
산 높은 곳까지
하얀 안개구름
해맑은 하늘에

괜한 심술
사나운 몸짓만

그 뿐

이렇게
머물다 가고
그렇게
또 머물다 가고

이렇게 바라보는 구름
그렇게 안고 선 바람
긴 세월 머무는 것
세상에 없나니

머물다 떠나는 날
구름처럼 바람처럼
그렇게 흐르다 가면
그 뿐

소원

오랫동안 안에 머물다
바람되어 흐르는 너
살포시 내려앉아
두 손 모으면

모질게 돌아서다
다시 흐르는 것이
어찌 시냇물 뿐이리
구름 뿐이리

흐르다가 부딪혀
흩어져도
바람은
다시 다가와 서성이고

잡을 수 없는
이룰 수 없는
채울 수 없는 바람
그것이 인생인 것을

돌부처

사고思考의 늪을 헤매다
마음이 굳어버려
몸도 딱딱하게 굳는다

얼굴엔 부드러운 미소
가슴으론 펑펑 쏟는 속울음
마음 둘 곳 없이 서러운 발길

나아갈 수도 거둘 수도 없는
한 자리에 속절없이 서서 맞는
저리도록 시린 바람

삶은

늘 허둥거리다가

잡힐 듯 잡히지 않는
신기루 좇다가

흔적 없이 왔다가
흔적 없이 떠나는
바람처럼 구름처럼

떠돌다 돌아가는 것

가끔

가끔
머언 하늘에서
나를 건진다

하얀 구름사이를
기웃거리며
찾아 헤매다

낯선 호의에 기대어
의미를 만들고
가까이 다가들다

화들짝 놀라
뜻 모를 뒷걸음
어이없이 주저앉아

다시
까닭 없는
삶을 건진다

가벼움에 대하여

둥둥 허공을 떠돌다
뒷짐 진 채
바람결에 맡겨버린
버드나무 긴 머릿결
춤추듯

신중하지 못한 말
어느 곳에도
머물지 못해
흔적 없이 사라져
버리듯

여물지 못한 삶
먼지처럼
세월 속에 묻혀버려
헛되고 헛되어질
가벼운 존재

먹보

방금 빚어진 듯
따뜻하고 윤기 흐르는 꿀떡
마트를 한 바퀴 돌며
반짝거리는 눈동자 굴리며
맛보기 고기 한 점
빵 한 조각 생선튀김 한 점
묵무침에 짭짜름한 젓갈
김치에 나물 무침까지
잡식으로 채운 밥통
먹어도 먹어도
채워지지 않는 허기

온종일 음악을 듣고
책을 읽다 밖으로 나와
고운 햇살 한 입 꿀꺽 삼키고
싱그런 푸른 잎새
음미하며 한 잎 두 잎 뜯어먹고
파란 하늘 하얀 구름
나른하도록 끌어 모아
마음 채우니

오월바람 따라들어
터지도록 부푼 마음
허나, 채워지지 않는 이 허기

어디쯤

젖은 잎새 위
부드럽게 피어오른
아침햇살
정신없이 뛰놀다
어느새 한낮이 지나
발갛게 하늘 물들이고
발길 서두는 저녁

날아다니는 시간 속에
둥둥 떠다니다
갈색 옷 갈아입고
한층 빠른 걸음으로
서둘러 가는 계절
마을엔 온통 코끝 찌르는
밤꽃향기

노을 따라 번지는 향기
한껏 뿜어내어
마음 붙잡는 저녁
여름인듯 가을인듯

계절은 어디쯤
걸어가고 있는지

그 모습 바라보며
나는 또
어디쯤 서 있는지

잘못 들어선 길

졸다가 눈을 뜨면
허공에 둥둥 떠다니는 가로등 불
몽롱한 의식 속에
후비고 들어오는
별빛 닮은 들국화

한 평 남짓 자동차 안
한참을 달리다가
정신을 차리고 둘러보면
불빛 없는 외진 마을
무덤 속 들어앉은 내 모습이 이럴까

빨리 벗어나야 할 길
가는 차도 오는 차도 없는
이상한 동네
잘못 들어선 길

멀쩡하던 날
후두둑 떨어지는 빗방울에
등골이 오싹

오던 길 다시 나가 제 길찾기
서둘러 차를 돌려야 하리
어둠 속 헤매다
지쳐 되돌릴 수 없기 전에

아름다운 편지

날마다
어둠이 벗겨지고
희뿌연 아침이 밝아오면
펜을 듭니다

씩씩하게 출발하여
행복하게 마무리 지을 수 있도록
또박또박 정성들여
편지를 씁니다

팔이 아프고
어깨가 결리도록
많은 사연 적어 보지만

어떤 날은
접어 보내기 싫을 만큼
행복한 사연으로

어떤 날은
고통과 슬픔과 아픔으로

얼룩져 빨리 접어버리고 싶은 사연으로

날마다
적어보는 편지
아름다운 언어들로 가득찬
행복한 편지 완성되는 날

밝은 빛만 축복으로 쏟아져 내리도록
날마다
수신인도 없고 언제 끝날지도 모를
길고 긴 편지를 씁니다

길들이기

바람 불면
바람 되어
이 산 저 산 휘돌다

비 내리면
비가 되어
뚝뚝 빗물 떨구는 나뭇잎

단풍 들면
단풍잎 되어
빠알갛게 물들고

눈 내리면
눈이 되어
하얗게 반짝이는 나뭇가지

흐르는 물
담기는 그릇 따라
모양 변하듯

그렇게 변하는
순수한 나무의
길들이기

가끔 불장난이 하고 싶다

어린 시절
어느 정월 대보름날 처음 불을 보았다
논둑길을 지나가다
뽀오얀 연기 날리며 조심조심 퍼져나가는
신들린 듯 활활 타오르는 불길이 좋았다
불 지나간 자리 까맣게 남아
마른풀 타는 메케한 냄새도 좋았다
불을 바라보면서 왠지
기분이 좋았다

스무살 시절
벗들과 강가에서 놀다가 불을 보았다
한 겨울 논에 쌓아놓은 볏단을
슬쩍 내려서
추위에 언 손 녹이려 지피던 불
가까이 서서
삼킬 듯 끌어당기는 푸른 불 꽃 바라보며
가슴이 두근거렸다

세월이 흐르고

누군가를 사랑하게 되었을 때
문득 불을 보았다
바라볼 때마다 활활 타오르는 불꽃은
숨 막히도록 아름다웠다
메케한 내음 보다 더 좋은 향기와
열병을 앓게 하는 뜨거운 열기는
몹시 행복감을 주었다

얼만큼 또 세월이 흘러
불꽃이 시들고
살아가는 일들이 지루하게 느껴질 때
논둑길도 태워보고 빈 논에 볏단도 태워보고
누군가를 끔찍히 사랑하며
활활 타오르는 불꽃을 보고 싶다
그래서 가끔 불장난이 하고 싶다.

살만한 세상

보도블럭 위에
뜨거운 햇살
한 걸음 움직이면
솟는 땀방울
벌겋게 상기되는 얼굴

일터에서
검게 그을린 얼굴
근육 불거진 팔뚝으로
세상을 건설하는
활발한 움직임

지치게 하는 더위
아랑곳없이
힘찬 맥박소리
삶을 건강하게 만드는
그들이 있어서

은은한 별빛

02

별빛

요란한 햇살의 수다
어수선한 바람
모두 자취 감추면
검게 그을린 먼 하늘
어두운 세상

출렁이며 쏟아져 나오는
거리의 불빛
어지러운 마음 추스르며
서둘러 돌아오면

까만 어둠 사이
꽃처럼 피어나는 빛
가만가만 흘러내려
가슴 속까지

살포시 스며드는
은은한 별빛
그래서
숨이 쉬어지는 밤

아궁이

입 속에
장작불 빨갛게 피워놓고

요말 조말 거짓말
까만 숯덩이 되다
하얗게 부서져
재가 되어 버리는
허무한 말들

진실은
뜨겁게 솥을 달구고

산사에서

구름도 물소리도
풀벌레소리도
흐르는 시간따라
지나간다
어두운 마음도 따라 지나가고

다른 구름과
다른 물소리와
다른 풀벌레소리
환히 다가오는
저녁

마음도 환히 밝아지는
산사의
고즈넉한 뜰에 앉아
어둠을 맞는다
참 나를 맞는다

오늘을 살며

환하게 돋는 생각
끌어내리는 그 무엇
산은 산대로
강물은 강물대로
짓밟힐수록 다져지는 흙처럼
흐르고 흘러 맑아지는 물처럼

지금
눈앞에 보이는 것들
앉아 있는 자리
그것만으로 족할 수 없어
욕심 부리다
상처를 받고

지치고 무너지게 하는
덧없는 욕망
내려놓고
슬며시 돌아서면
편안한 마음
비로소 밝아질 세상

호박

반을 갈랐다
커다랗고 둥근 호박

황금빛 살이 말라붙은 안벽엔
끈적끈적한 씨앗들이 도사리고 있다

말끔히 물에 씻어
햇빛에 말린다

잊고 싶다
몇 번이고 속 가르며
그가 있기를 바랐다

그는 없고
텅 빈 자리에
그가 남기고 간 아픈 기억들

꺼내어 씻으면서
울고 있다

어디에도 이제
그는 없다

햇빛에 앉아
젖은 기억을 말리는
씨앗만 있을 뿐

별리

이젠 접는다
푸른 밤 홀로
수많은 별 바라보기
가슴 시려도

이젠 닫는다
저무는 달빛처럼
희미해진 기억
슬며시 내려놓고

이젠 잊는다
어둠 속에 묻힌
기억 저 편을 돌아
다시 그 날이 온다 해도

아픈 기억 하나

늦은 아침
안개 사이 비집고
스멀스멀 기어 나오는
생각들
뜬눈으로 새운 밤
밀려드는 잠 뒤로
다시 또렷해지는 기억

햇살에 밀려
안개 걷혀도
걷히지 않는
가슴 저린 통증, 어지럼증
떨어져 누운 낙엽 속에
깊이 묻어
다시는 꺼내고 싶지 않은
아픈 기억 하나

노름을 찾는 사람들

삶에 무언가 2% 부족하여
채우려다 빠져듦인지
태어날 때부터 노름을 좋아하여
빠져들게 되었는지

어지러운 기계소리
마주앉아 빙글빙글
기계 따라 눈 돌고
머리 돌고

밤낮없이 씨름하며
돈과 도는 사이
증발하는 몸속의
붉은 피

돈 잃고 몸 잃고 정신 잃고
시름시름 벤치에 누워 잠들다
깨어보면
통째로 잃은 삶

200% 부족하여
다시 또 주변을 헤매도는 사람들
동강 바라보며
건강한 삶 채워봄이 어떨는지

개구리의 말

내 말은 소음이 되고
제 말은 노래 가락인 듯
저녁 내내 읊어대다
제 풀에 지쳐
잠드는 개구리

들었던 말 그대로
방울방울 물방울로
풀잎에 속삭이며
개구리의 말 전하는
젖은 수다쟁이 이슬

살다보면 할 말이
하도 많아
안으로 삼키면 오히려
빛이 될 수 있는 말
개구리는 죽어도 모른다

삼월의 눈

훨훨 눈이 날아 다녀요
따사로운 햇살
꽃 피어날
삼월에

발 아래 얼룩지는
눈 그림자
촉촉이 느껴지는
그대 숨결

눈감으면 들리는 듯
그대 목소리
고개 들어 하늘 보면
떼를 부리듯 쏟아지는 눈발

시린 햇빛 사이
날다날다 흔적 없이
스러져도
꼭 한 번 보고 싶대요

빈집

두메산골 산새들만 부산스런 아침
싸리 울타리 꺾여 빛바랜 등줄기
사람 자취 찾아 볼 수 없는
아주 오래된 황토 집
건드리면 폭삭 주저앉을 것 같은
낡은 지붕 위에
구름 그림자
그 무게도 힘들어 어이 하리

텅 빈 앞마당에
먼지바람만 쉬어 가는 집
뽀오얀 달빛
찢겨진 문풍지 사이로 들면
흩어진 세월 주검 사이
방 안 가득 고인 고요와 침묵

오랜 세월 쓸어내린 고독과
한없이 내이 뱉은 한숨 쉬어
쓸쓸한 향기 퍼져 오는데
잃을 것도 찾을 것도 없는 집

머물다 신세 없이 돌아서도
말할 그 아무도 없는 빈 집

새알

새둥지에 조그만 새알 하나
나무 손질하느라 잠시 내려놓았다가
다시 나뭇가지 위에
그대로 올려놓았는데
다음 날 들여다보니
둥지는 그대로 있는데
새알이 없어졌다
어미가 안전한 곳으로 숨겨 버렸는지
다른 이방인에게 들켜
잃어버렸는지

손톱만한 아주 작은 새알
둥지를 건드려 얼마나 놀랐을지
어미에게 미안한 마음
부디 안전한 곳에서
무사히 부화시킬 수 있기를
간절히 바라본다

과일장수

포도 한 알 주워 먹다
한숨 두엇 뱉어내고
수박 씨앗 내뱉다 헛기침
땡볕에 농익다 터져 버린 방울토마토
골라 버리다 지글거리는 속
파리가 수십 번 맛을 보고
빙글빙글 돌아버린 탁주 한 사발
새끼손가락 휘휘 저어
꿀꺽꿀꺽 마셔대니
얼굴은 잘 익은 사과 빛
눈빛은 게슴츠레
두 무더기를 하나로 만들어
외쳐댄다
떨이요, 떨이
공짜로 가져가시라구요.

빈 들은 지금 무엇을 꿈꾸는가

밤하늘
천피트 상공에서 내려다본
상해의 불빛은
황홀하고 따사롭다

그 불빛에 버금가는
은은한 달빛 손잡고
비행기의 날개는 나비처럼 팔랑이며
사뿐사뿐 날고 있다

화려한 네온을 비켜선
빈 들
어둠만이 맴돌고
깊은 잠이 들어
숨죽은 듯 고요한 시간

지금
빈 들은 무엇을 꿈꾸는가

오늘

출근길에
나는 보았다
활짝 피어난 철쭉꽃을 보았고
라일락을 보았고
버드나무도 보았다
쓰러질 듯 비스듬히 선 전신주
거기 매달린 가로등을 보았고
차를 피해 길을 건너는
하얀 강아지도 보았다
급하게 달리는 오토바이를 보았고
기우뚱거리며 달리는 버스도 보았다
버스를 기다리는 정거장의
사람들을 보았고
그들을 비추며 내려오는
뽀얀 햇살도 보았다
그리고
온 세상에 아름답게 떠다니는
생명의 환희를 보았다

문경새재 걸으며

한 걸음, 한 걸음
따라오는 물소리
그대 목소리

활짝 핀 꽃길
따라 웃는 나의 미소
그대의 미소

걸어도, 걸어도
아름다운 길
그대와 함께 가는 길

그대여

하늘이 파란 날은
부푼 마음으로
까만 구름 덮인 날은
속삭이듯
눈 내리면
함박웃음으로
비 내리면
가만가만 다가가
그대를 부르리라

그대 모습
가까이
다가올 때까지

4층에 누워

엘리베이터를 타고 하늘 오른다
폭신한 구름침대에 누워 넓은 유리창 밖
키 큰 나무와 밀거니 당기거니
실랑이하는 잿빛 하늘 바라본다

풀벌레 소리는 아름다운 하모니
단잠 쫓아 멀리 보내며 함께 어울려
고운 계절 쉬어가라고
목이 쉬도록 밤새 불러대는 합창소리

살짝 문을 열면 빠르게 들어와
포근히 덮어주는 하늘 이불
투명한 창 밖
서로 안으로 들려고 안달하는 바람과 하늘

그 모양 지켜보며 까치발로 기웃거리는 나무
온밤 내 하늘나라에선 삶의 아우성
잠 못 이루고 뿌옇게 밀려오는 물안개 바라보다
새벽 고요 속으로 빠져드는 하늘세상

둥둥 떠다니는 내 삶의 휴식
눈감고 넓은 하늘, 침대에 누워
잠을 청한다 풀벌레소리 끌어안고
고운 님 팔베개에 얼굴을 묻고

노천탕에서

몸은
뜨거운 물속
얼굴은
차가운 바람

파란 바탕에 하얀 구름
시원한 이불 덮고
눈을 감으면
소록소록 하품 일다가

몸은
물속에서 둥둥 떠다니고
의식은
꿈속에서 가물가물

문득 찬 바람 일어
눈을 뜨면
여기가 무릉도원
이브의 에덴동산이어라

꽃단풍 들다

03

가을엔

떠나고 싶다
맨발로 모래 위 달리던,
따가운 햇빛
온 몸에 휘어 감던
기억 다 벗어 놓고

예쁜 코스모스 그려진
경의선 열차에 올라
스치는 창밖 포근한 들녘 보며
정겨운 기차소리에
스르르 잠이 오면

잠시 눈을 감고
꿈을 꾸어도 좋으리
천진한 어린아이처럼
미소 띈 얼굴에
살며시 내려와 간질이는 가을햇살

목적지가 없어도
종착역까지 갔다가

다시 되돌아 와도
가을엔
어디든 떠나고 싶다

가을편지

맑고 푸른 하늘
햇빛의 은은한 미소
하얀 솜구름에 적어보는
한 줄 그리움

수줍던 시절
차마 전하지 못해
마음갈피에 묻어두었던
사랑의 말

가을빛 짙은 오늘
빛바랜 나뭇잎으로 서서
행여 읽혀질까
적어보는 마음

소중히 간직해 온
기억 모두 꺼내어
흘러가는 솜구름에
고이 적어 띄워 본다

허수아비

더이상 어떤 감정도
담을 수 없이
다 타버린
빈 속

따가운 햇살에도
시린 바람 에도
반응조차 할 수 없는
무감각

겉마저 폭삭 무너져
주저앉을 듯
힘겹게 버티고
있다

하얀 가을

지루한 일상
거미줄처럼 끈적끈적한 줄
미련없이 걷어내고

생기발랄 환한 햇빛
못 이겨 따라나선 길

하늘도 파랗고
바람도 시원하여라

활짝 흐드러진 메밀꽃밭
드넓게 펼쳐진 하얀 가을

여기 한 걸음 저기 한 걸음
내딛는 걸음마다
온통 하얀 세상

메밀밭에 뒹구는 햇빛 따라
뒹굴뒹굴 놀다가
예쁜 메밀꽃 되어 돌아오는 길

어스름 땅거미 깔리는 어둠 사이
가슴 한 가득
하얀 가을 담겼어라

낙엽

바람이 떠밀고
따가운 빛에 바스라지고
빗방울에 짓밟히며
힘없이 누운 모습

푸른 잎새
고운 꿈
팔랑이던 일들이
어제일 같건만

보듬었던 모든 것
살며시 내려놓고
빈 마음 후회 없이
돌아가는 길

흘러가는 세월 속에
곤한 몸 묻으며
한 겹 두 겹
삶을 덮는다

가을비1

강물은 하늘을 담고
하늘은 강물을 담고
바라보는 내 안에
출렁이는 그리움

바람따라 흔들리는
빗줄기 마냥
여울져 흐르다
마음 골짜기에

고운 꿈 되새기며
지나간 날
희미하게 떠올릴 때
지친 풀포기처럼

힘없이 늘어져
가슴 저리게 하는 기억들
온 몸을 적시는
서늘한 가을비

가을비2

자꾸만 슬퍼서
눈물이 났다
숨 막히는 가슴 탕탕 치며
울음 펑펑 쏟아냈다
행복했던 여름날의
뜨거운 이야기들
검은 먹구름에 실려
우루루 몰려가고
하릴없이 향수에 젖어
먼 곳을 바라보는 이방인처럼
홀로 어디에 와 있는지
왜 여기 서 있는지
알 수 없어서
멀어져 가는
먹구름 바라보며
선선히 불어오는
젖은 바람 끌어안으며
자꾸만 아파서
눈물이 났다

꽃단풍 들다

곱게 물든 얼굴 뒤로
비어져 나오는
진한 외로움

붉은 잎 생기 잃고
발 아래
숨죽여 흐느끼는 속울음

고운 햇살
살포시 내려오면
반짝 피어나는 예쁜 꽃잎

꽃단풍 들어
다시 바람에
흔들리는 아침

가을, 달빛의 노래

말간 햇살에
반짝이는 나뭇잎들
붉게 물든 산등성이
황금빛 출렁이는 너른 벌판

풍요로운 계절에
창 밖 서성이다
창가에 다가와 두드리는
달빛

가을의 뜰 안
깊숙이 앉아
달빛의 노래를 듣는다

갖은 풍요로움 뒤로
매달려 오는 쓸쓸함과
고독과 알 수 없는 설움과
지친 목소리

구름 사이 흘러 흘러

가슴 속까지 파고드는
달빛의 노래를

가을 산에 비 내리면

힘없이 떨어져
내리는 나뭇잎들
누워서
울음도 웃음도 아닌
쓸쓸해서 고운 소리

온 산이 소란스러워진다

흠뻑 비 맞고
젖어서 더욱 처연한 몸짓
흔들면 흔들리는 대로
고운 빛 뿌려놓다
차마 거둘 수 없는 낙엽

가을 산에 비 내리면

마음 가눌 길 없어
시름시름
눕고 마는 몸살
죽을만큼 앓다가

차곡차곡 아픔 묻으면

온 산이 고요해진다

가을바람의 노래

빨갛게 물든 나뭇잎에
햇살 내려 뛰노는
고운 날

아름다운 선율로
노래 부르는
가을바람

부드러운 리듬에
춤추듯 살랑대면
우루루 떨어지는 잎새들

머리 위 어깨 위
살며시 내려앉다
발 아래 무늬 고운 융단으로

울긋불긋 요란한
나뭇잎 축제
어우러진 가을바람의 노래

눈 열고 귀 열고
마음 열고
흠뻑 빠져든다

국화꽃

새벽안개 밀며
맑은 이슬
생글생글 쏟아내는
꽃 송이송이

몽실몽실 피어나
바람결에
아득하게 날아오는
신비로운 향기

소담스레 꽉 찬
노오란 꽃잎
반짝반짝 달려드는
햇살 한 줌

소국

화려하지 않아도 좋다
고집이 없어도 좋다

은은한 멋
여유로운 마음
부드러운 미소

사랑을 아는
삶을 아는

그대는 아름다운 가을꽃

11월의 비

홀로 남은 풀 한 포기
퍼지는 햇살에
기지개를 켠다

모두 떠난 지 오래
갸날픈 몸
힘들게 연명하다

계절이
찬바람 몰아다
온천지에 풀어놓고

이리저리 휘돌아
뒹구는 낙엽과
차가운 물방울 섞어 놓으면

빗방울 떨어질 때마다
작은 몸에 닿는 한기
스러져 가는 풀잎

떠나가는 뒷모습에
마음 가득
고여오는 진한 슬픔

초겨울

노오란 국화꽃 한 무리
지친 등허리에
하얗게 내린 서리
멀어져 가는 향기여

햇살 뒤로 흘러드는 찬바람
쓸쓸함 두고
마주보면 저린 가슴
겨울을 본다

겨울비1

가까이 내려앉은 하늘
꿈결 같은 사랑

자박자박
걸어오는 환한 미소
은은하게 펴져오는
달콤한 세레나데

마음을 열고
비를 맞는다
흠뻑 젖은 겨울비
지독한 몸살

겨울비2

텅빈 가지를 지나
언 대지를
아프게 때리고 있다

차마 버릴 수 없어
꽁꽁 닫아 건 마음
아프게 맞고 있다

어떤 따사로움도
녹일 수 없는 결빙
쉼 없이 두드리는 차가운 비

겉돌다 제풀에 지쳐
돌아가고 다시
혼자가 되어 버린지 오래

추운 날에
잊고 싶은 기억 하나
또르르 구르다 다시 얼어버리고

겨울비3

언 마음에
촉촉이 젖어드는 비
내려와 흐르지도 못하고
꽁꽁 붙들리는 한기
아픈 시간들

겨울밤

하얀 눈밭에
살포시 내린 달빛

눈꽃 핀 나무마다
다가서는 심술 바람

슬쩍 흔들어
꽃가루 솔솔

밤뜰에 하나 가득
알싸한 겨울 향기

촉촉이 깊어가는
이 한밤

눈꽃

하늘은
밤새 짙은 안개 드리우고
무얼 하나 했더니
서서히 거둬내는 장막 뒤로
가지마다 하얗게
올려놓은 눈가루
몰래
아름다운 작품 보여주려고
밤새
잠도 안자고 꼬물꼬물
안개 속을 누볐나보다

눈꽃 사이 그리움

1. 눈꽃 사이 그리움 하나

하얗게 피어오르는 눈꽃만큼
가지마다 부풀어 오르는 기대
날리어 흩어지면
알싸한 가슴앓이
양손 두볼 감싸 안으면
흘러내리는 눈 녹은 눈물
차마 가질 수 없는
아픈 사랑

2. 눈꽃 사이 그리움 두울

산비탈 새하얀 눈밭에
굽이굽이 돌아드는 햇살
언 마음 녹이지 못해
발 동동 구르다
찬바람 안고 돌아가는 저녁
한줌 날리는 눈발은

차마 잡지 못하는
그대의 마음

눈 오는 날

잊은지 오래라고
꿈에도 잊은지 오래라고
하얀 눈 속에
그대
묻어 버린지 오래라고

헌데
펄펄 날리는 눈송이 따라
날다 떨어져
녹아버리는 조각 조각
조각 중에

자꾸만
쓸쓸한 가슴 헤집는
차가운 얼음덩이
슬픈 조각 하나
하얀 눈송이

싸락눈 내리는 아침

밤사이 내려 쌓인 눈
기척도 없이 펑펑 쏟아 놓은
가슴앓이

바라보는 마음마다
걷는 발자국마다
고이는 슬픔

질펵한 눈물
터벅터벅
이끌고 가는 무거운 설움

다 쏟아내지 못한 말
버리고 싶은 무엇
속 시원히 털어내지 못하여

이 아침, 저리도 아픈 몸짓
잘게 부수어져
싸락눈으로 내리는지

가을빛 짙은 오늘
빛바랜 나뭇잎으로 서서
행여 읽혀질까
적어보는 마음

소중히 간직해 온
기억 모두 꺼내어
흘러가는 솜구름에
고이 적어 띄워 본다

〈가을편지〉 중에서

낮게 피어나

04

제비꽃

바라보면
물밀듯 몰려오는
작은 행복

어떤 화남도 다독다독
기어이 마음 녹여주는
어여쁜 연인

흐린 날엔 짙은 보랏빛
밝은 날엔 연한 보랏빛
순응하며 피어나는
여린 풀꽃

있는 듯 없는 듯
낮게 피어나
함께 있어 더 어여쁜 꽃

보랏빛 동산에
꿈꾸듯 떠다니는
청초한 눈망울들

마주보면
덩달아 피어나는
보랏빛 고운 마음

찔레꽃

사랑하자
사랑하자
수십 번 수백 번 되뇌어도
내키지 않으면 전혀
미동도 않는
천하의 고집쟁이
어찌하다
그리 굳게 닫혔는지
자꾸만 입 속에서
말이 되어져 나오면
저절로 열릴 줄 알았더니

사랑하자
사랑하자
수천 번 수만 번 읊조려도
사랑하다 데인 상처
아직도 아물지 않아
나서려다 다시 아파지면
돌아서고 마는
꽉 채워버린 자물통

세상에 나오는 순간
묻혀버릴 줄 알면서도
밀려나오는 말
사랑하자
사랑하자

도라지꽃

하얀 꽃잎에
비 섞인 바람
또르르 맑은 물방울에
촉촉한 풀잎 향기

고운 꽃잎 위로
굵은 빗줄기
흐트러짐 없는
꼿꼿한 아름다움

또렷한 백색의 고고함 뒤로
은근히 새어 나오는
부드러운 미소
여유로움을 배운다

싸리나무 꽃

산비탈 비스듬히
진분홍빛 꽃망울들

함초롬히 웃는 모습
맺힌 시름 재워주네

무더운 뙤약볕도
비바람도 비켜가는

고운 자태 어여쁜 꽃
싸리나무 꽃

들꽃1

어여쁜 숨결
비 뿌려 흩어지는
가슴 속 울렁증
차마 갈 수 없는
행여 올 수 없는
죽어진 시간들 속의
의미 없는 기다림
저 홀로 피었다
저 홀로 지는 꽃

들꽃2

어디서든 꽃은
피고 또 진다
비는 언제든 쏟아져 내리고
언제든 그친다
꽃이 핀다고 비가 온다고
늘 기쁘고 늘 슬픈 건 아니다
어디에 있든
언제이건 간에
내가 기쁘다하면 기쁜 것이 되고
내가 슬프다 하면 슬픈 것이 되어버리는
세상의 중심엔
꼭 내가 있다
오늘도 나는 피어나고 또 진다
살아가는 동안 기쁜 마음으로
또 그렇게 피어나고 질 것을

담쟁이 넝쿨

끈끈한 정
얽히고 설킨 줄기
서로 기대고 부대끼며
그것이 행복이라고
푸른 잎 무성히
돌담 뒤덮으며
담장 기어오르는
애끓는 열정
돌담 사랑하듯
온 삶을 끌어안고
그리 살아갈 수 있다면

밤비1

별빛 스러지는 소리
달빛 기어가는 소리

깊은 하늘은
점점 짙어가고
숨소리도 어둠에 묻힌 지 오래

한낮의 요란했던 소리들
모두 데리고
어디로 가는지

가면 또 아니올듯
돌아보며 돌아보며
걸어가는 소리

밤비2

몇 밤내
비가 내리고
그치기 기다리는 마음

의미 없이 떨어지는
빗방울에
늘어진 오후
빗소리만 살아있는 듯

창가에 서서
하염없이 바라보다
빗 속에 묻혀버린 시간
어둠 속에 다시 잠긴다

비가 오면

젖은 바람
소리 없이
마른 먼지 갈아 앉히며
모락모락 내려앉는 사이

젖어든 몸
젖는 줄 모르게
고여드는
모를 서러움

비의 소리

귀 기울여 듣노라니
여린 꽃잎에 내려앉는
비의 말들

한껏 뽐내던 어여쁜 봄꽃들
꾸중이라도 듣듯
시무룩한 표정

자꾸만 되뇌는
비의 소리
묵묵히 듣는 커다란 느티나무

가여운 듯 어루만지며
서서히 거두어가는
비의 소리

먹구름 물러가고
뽀얀 햇살 비추면
잊혀져갈 비의 말들

소낙비

무표정한 얼굴
비가 온다

달려오던 햇빛도
슬그머니 사라지고
어두움 내려앉으며
촉촉한 기운

뿌려지는 물줄기
서늘한 바람

이내 아무 일 없던 듯
살며시 돌아가는
그를 따라
슬픔도 왔다 간다

임진강 너머 하포리

그곳엔
아무도 없다

이름 모를 풀들
예쁜 꽃들
싱그런 나무들
지저귀는 새들 뿐

맑은 골짝 물에
발가벗고 멱 감아도
흙탕물 튕겨가며
물고기와 텀벙거려도

훼방 놓을
아무도 없다

향기론 꽃들
발그레 미소 짓는
야트막한 산언덕에
놀란 노루 한 마리

금새 자취도 없이
달아나고
한가로이 구름만
오르락내리락

그 외
아무도 없다

장마

폭우는
닥치는 대로
모든 것을 덮쳐버리고

햇빛은
무엇이든 녹여버릴 듯
따갑게 반짝 머물다 가고

태풍은
사나운 비바람으로
온 세상 뒤흔들고 간다

절망과 분노와 슬픔으로
눈물
지치도록 쏟아낸 후

고개를 들면
파란 하늘과
말간 햇살과 부드러운 바람

긴 한숨으로 토해내도
공허한 가슴속
다시 흐르는, 시리도록 아픈 비

장마 후

푸른 잎새 더욱 푸르게
꼿꼿이 바람 가르는
버드나무 긴 머릿결

불어난 앞 개울물
흙탕물 되어
생기롭게 굴러가는 굽이굽이

퍼붓고 돌아간 자리
쓸고 또 쓸어내어도
남아있는 통증

견디고 참아온 시간들
쌓여진 아픔만큼
다져진 마음 한 자락

바다

비가 내려 더욱 사나워진 심사
파도와 파도가 싸움을 한다
하얗게 부딪치며
서로 할퀴고 뜯어내는 상처
바위에게 화풀이하듯
달려들다 멀어지고
멀어지다 또 달려들고
짙푸른 바다
할 말을 잃고
싸움 부추기는 바람 곁에
끼룩대는 갈매기만
안절부절
비의 손을 잡는다

복중에

후텁지근함 밀어내며
다가오는 선선한 바람

행여 기다리는 차가운 빗줄기
달갑지 않은 햇볕이 먼저오고

한두 방울 시늉하다
자취 감추는 비

텁텁한 날 끈적이는
바람마저 데려다 놓고

움직일 때마다 땀방울 쏟게 하는
심술꾼 삼복더위

펑펑 비나 쏟아질 일이지
문밖 살피며 밤잠 설친다

더위야 가라

연기처럼 피어나는 비구름
산골짜기 돌다
흠뻑 쏟아져 내리면
온천지에 찬 기운 돌아
더위에 지친 초목들
덩달아 생기 돌아
푸른 향기 싱그럽다
바람조차 이리저리 돌며
흥을 돋우며
비를 맞으며
페달을 밟는 자전거소년의
씩씩한 모습도
바라보면 힘이 나는
처서 가까이
이제 그만 더위야 가라

창가에 서서

하염없이 바라보다

빗속에 묻혀버린 시간

어둠 속에 다시 잠긴다

〈밤비2〉 중에서

달빛에 꿈꾸다

05

봄, 푸른 달빛에 꿈꾸다

겨우내 움츠렸던 나뭇가지
어느 결에 슬그머니 눈을 떠
찬바람에도 한 뼘씩
자라고 있었나보다

울타리 안 장미나무도
자라나 밖을 기웃거리고
묵은 가지 제치고
웃자라는 매실가지 쭉 뻗는 동안

꾸물거리던 봄
꽃샘추위 아랑곳없이
슬쩍 나타나 이곳저곳
누비며 꽃향기를 뿌리다

슬슬 어둠 피어오르면
이슬 머금은 푸른 달빛
어여쁜 그림자
그 푸른 달빛에 꿈을 꾼다

봄날

하늘에서
쏟아져 내리는 유리 알갱이
따갑다

발밑에서
꼬물거리는 새 생명의 기척
간지럽다

사방에
떠다니는 기분 좋은 웃음소리
행복하다

봄비1

마른 나뭇가지
물을 마신다

통통 살 오른
나무의 생가지에
맑은 물방울

젖은 가지사이
앞 다투어 나오려는
소란한 새 움들

하늘 향해 팔 벌려
봄을 마신다

봄비2

가만가만 다가서다
시린 바람에
멈춘 걸음

소리 없는 눈물
촉촉이 쏟아내다
고개 들어 바라보면

덩그러니 앉은 구름
꿈틀대는 등 뒤로
뾰족뾰족 돋는
그리움

봄비3

여기저기 피어 앉은
꽃잎에 사각사각
빗소리가 어여쁘다

검푸른 세상
애처로운 나비의
젖은 날갯짓

머물다
비 그치면
그 때 날아도 좋을 것을

봄1

햇살 좋아 나선 거리
바람과 손잡고
훨훨 걷는다

간혹 센 바람에 떠밀려
넘어져도
일어나 다시 걷는다

어둑어둑 낯선 거리
비틀거리며
걷고 또 걷는다

허기진 마음
환한 빛 채워줄 그대
그대 올 것 같아서

봄2

긴 터널 지나듯
지루한 겨울
어둡고 추웠던 기억
멀리 보내고
부드런 바람
살포시 창문 두드리는 봄

설레임으로
심호흡하면
나른한 몸에
뾰족뾰족 돋는 봄

봄3

노오란 민들레
향기도 없이 뽐내다
하얗게 스러져 날리는 사월

기지개켜는
날벌레들의 서툰 몸짓
아무것도 아닌 듯해도
날며 꿈은 꾸었으리

빛과 바람과 도란거리다
조용히
꽃향기 피워내는
라일락처럼

봄4

산처럼 들처럼
푸르게 깨어나
꽃처럼 풀처럼
환히 피어나리

봄5

세상이 온통
노랗게 빨갛게 푸르게
햇살마저 화사하게 피어
대지는 몸살을 앓는다

바람은 온통
마음 속으로 파고들어
들뜸과 설렘으로
나는 가슴을 앓는다

개나리 진달래
늘어진 연초록 버드나무처럼
빛 고운 봄꽃으로
피어나

새들의 수다 들으며
햇살 환히 비추는
화사한 그대의 뜰에
꽃 되어 어여삐 속삭이고 싶다

13' 봄

산수유 노란 꽃망울에
깨어나는

사각사각 내리는 이슬비에
돋아나는

연한 풀빛 상큼한 새싹들에
꿈을 꾸는

속삭이듯 부드러운 바람에
가슴 설레는

봄맞이

길고 긴 겨울
떠나보내기 힘들었던
너

먼 곳에서 더 먼 곳으로
흘러간 강물처럼
차가운 바람과 함께
아름다운 추억조차 모두 안고
떠나간 너

흉터가 남은 상처는
연둣빛 풀잎으로 꽃잎으로
보이지 않게 눌러 덮고
이제 훌훌 털고
일어선 나

부드러운 새털바람
깊은 호흡으로 끌어안으며
새 봄을 맞는다
그리고
아픈 너를 잊는다

봄이 온다

까치발로 먼발치 바라보며
서성거리다
대문 밖 삐죽이 얼굴 내밀면
얼어붙는 찬바람에
놀라 숨어버린
새싹들

성급한 녀석은
벌써
꽃 피우려 몽울 부풀었는데
지루하고 힘든 겨울 헤치고
봄 맞을 채비 나섰는데
하얗게 쏟아져 내리는
함박눈

허나
쉴 틈 없이 퍼부어도
흔적 없이 녹아내리는 눈 물
가까이서 느껴지는
따스한 봄의 입김

혹독한 추위도
힘없이 가고

이제
봄이 온다
봄이 곧 온다

기다림

맑은 햇살
어루만지듯 살가운 바람
오가는 인파속 떠들썩함
흔들리는 거리

약속 없이 서서
기다리는 일

햇살 등지고 몇 번
무료함을 건너
한발 두발 세발
저만치 걷다 돌아서 되 오고

또다시 갔다
되 오고

봄은
이만큼 들어서
해는
저만큼 가 있는데

꽃은
소식이 없다

나비

볼 품 없이
바스러져 뒹구는
죽은 나비의 날개

노오란 장다리꽃 위에
고운 날개 팔랑거리던
어제

이승에 머무는 삶
찰나에 머물러도
곱고 아름다웠던 몸짓

노오란 꽃잎 위에
혼신의 고백을 두고
차마 떠나는 어여쁜 주검

진달래 꽃

봄이 걸어온다
풀숲 사이
연기 사이

무섭도록
이글거리는
눈빛

활활
달려오는
붉은 빛

몰려오는
한 무리의
맹수들처럼

주린 배 움켜쥐고
봄이 걸어온다
봄이 달려온다

민들레 꽃

봄 햇살
온몸으로 끌어안고
환히 피어나는
어여쁜 꽃
땅 속 깊이
다진 의지
시름없이 고운 미소
샛노란 민들레 꽃
새 봄의 희망이여

벚꽃

햇빛보다 불빛 아래
더 화려한 모습
바닥에 수 놓여진
하얀 꽃잎들
밟히어 안타까운 영혼을
이야기하는지

환한 불빛
반사되어
뿜어져 나오는 아픔은
깊어 가는 봄밤
연분홍빛
뽀오얀 꽃잎의
미어지는 가슴앓이

수국 한 송이

바람 가르며 씩씩하게 걷는 여인
수국 한 송이 주먹처럼 쥐고
훠이 훠이 손 내저으며
일터로 간다

봄볕에 까맣게 그을린 얼굴
까만 눈 더욱 반짝거리며
온종일
길가에 떨어진 쓰레기를 줍는 게
그녀의 일

모자도 없이 질끈 묶은 긴 머리
어쩌다 미소 짓는
벌어진 이 사이로
쓰디쓴 삶의 진한 입김이
연기처럼 새어 나온다

동글동글 피어난 수국
멀리서 보면
모락모락 김이 날 것 같은

먹음직스런 꽃송이
한 입 베어 물고픈
찐빵 같은 수국

그것만으로도 충분히
배고픔을 잊고
그것만으로도 충분히
부유한 마음 되어
그녀의 걸음엔 더욱 힘이 솟는가 보다

하루의 양식을 위해
이른 아침 수국 한 송이 손에 들고
부지런히 일터로 향하는 그녀
돌아오는 길은
양손에 진짜 찐빵이 들려져 있기를

사월의 나무

여린 주먹으로
창밖을 두드린다
바람이 모른 채 지나가고
햇살은 웃기만 할 뿐
무더기로 활활 타오르는
진달래꽃 무리도
담장 위로 노랗게 피어오르는
화사한 개나리꽃 무리도
한껏 뽐내는 들뜬 자리

너나 없이 찾아 나서는
사람들 틈에
꽃이 아니어도
바람이 아니어도
햇살이 아니어도
초록 잎으로 피어나
아름다운 그림 속에
한 자리 얻을 양
점점 세게 더 세게
창밖을 두드린다

사월이 가고 있다

사나운 비바람
쏟아져 내리는 꽃비
그 아픔

온몸으로 맞는
잔인한 손길
떨어져 내리는 연분홍 살점

툭툭
발아래
울음으로 눕는다

뒤늦은 햇살
따사롭게 보듬어도
꺼져가는 긴 한숨

채워지는 어두움 품고
이렇게
사월이 가고 있다

꽃샘추위

새 생명
꼬물꼬물 기어 나오다
매운바람에 찔끔

무거운 하늘은
언제 쏟아 부을지 모를
물기를 살살

놀라
안으로 숨어드는
어린 숨결

창문 살짝 열고
찾아보는 봄기운
기다리면 멀기만 한 꽃소식

단순하지 않은 삶의 철학과 종교적 깨달음 속에서

지연희 | 시인, 수필가

단순하지 않은 삶의 철학과 종교적 깨달음 속에서

문학은 진리의 샘을 찾아 떠나는 순례자의 길 저 멀리에서 울려 퍼지는 교회 종소리와 같다. 지친 발걸음으로 높은 등성을 지나 만나게 되는 오솔길에 놓여진 한 무더기 들꽃 같아서 그윽한 향기를 피워낸다. 곤경에 처한 삶의 길에서 마음의 위로가 필요할 때 시문학은 기쁨과 즐거움을 주는 목적을 지니고 있는 까닭이다. 때문에 영국의 시인 필립 시드니(P. Sidney)는 '시는 가르치고 즐거움을 주는 말하는 그림이다' 라고 했다. 다만 가르친다는 의미는 교육적 의도를 내포했다기보다 독자의 감성에 기대어 깨닫거나 알도록 안내하여 즐거움을 전하는 언어의 그림임을 강조하고 있다. 시인은 시드니의 언급처럼 평생 수없는 언어로 삶의 색채를 그려내는 화가와 다르지 않다.

곽민숙 시인이 첫 시집 「봄, 푸른 달빛에 꿈꾸다」를 묶고 있다. 격월간 문학지 한국문인 신인상 시 부문에 당선되어 묵묵히 다져온 필력을 세상에 내어 놓게 된 것이다. 많은 시인들이 등단이라는 이름을 얻고 시인의 길을 걷고 있지만, 어깨에서 풀지 못하는 짐처럼 작품집 출간의 무게를 안고 사는 시간이 적지 않다. 곽민숙 시인도 생각보다 많은 시간을 미루어 왔다고 본다. 시인에게 시집 출간의 의미는 낱낱의 영혼으로 엮은 소중한 분신이며 기쁨이다. 봄날의 나무 한 그루가 가지 사이로 돋아 올린 푸르른 잎새

일 것이며, 꽃송이로 피워 올린 꽃잎일 것이다. 때론 가을 날 붉게 물들여진 아름다운 단풍잎이 되기도 한다. 첫 시집 출간의 공력을 감당하게 된 곽민숙 시인의 시는 이제 세상 속에 나아가 독자의 감성을 밝히는 빛이 될 것이라 생각한다.

초라한 숲
너덜너덜 껍데기만
간신히 붙어있는
오래된 나무

어여삐 피어났던 들꽃무리
모두 가고
허허로운 들판에
은은한 달빛

잠시
잃었던 기운 되찾고
반짝 얻은 생기로
허기진 마음 달래노라면

스산한 바람 일어
시린 가슴
지칠 줄 모르는 상념
밤새 빈 숲을 돌고

돌다 새벽이 온다

시「돌다, 새벽이 온다」전문

이렇게
머물다 가고
그렇게
또 머물다 가고

이렇게 바라보는 구름
그렇게 안고 선 바람
긴 세월 머무는 것
세상에 없나니

머물다 떠나는 날
구름처럼 바람처럼
그렇게 흐르다 가면
그 뿐

시「그 뿐」 전문

'시란 무엇을 '사실이다' 하고 단언하는 것이 아니라 그러한 사실을 우리로 하여금 좀 더 리얼하게 느끼도록 해주는 것이다' 라고 T. S.엘리어트는 말했다. 앞서 언급했지만 시는 어떤 사실을 교육적으로 전하는 논리가 아니라는 것이다. 곽민숙의 시「돌다, 새벽이 온다」의 메시지는 초라한 숲으로 대리된 사람의 세상 속에서 너덜너덜 껍데기만 간신히 붙어있는 오래된 나무의 상념이 새벽을 맞이하는 가을빛 고뇌이다. 나무로 사물화 된 한 인물의 상념이 배경으로 놓여진 초라한 모습의 가을(나무) 곁에는 들꽃무리 사라진 은은한 달빛 비추이는 들판이 보인다. 자식들 다 떠나보내고 쓸쓸히 빈집을 지키는 어버이의 모습이 달빛 사이로 클로즈업 된다. 달빛의 위로로 허기진 마음 달래다보면 어느새 바람은 지칠 줄 모르는 상념을 안고 밤새 빈숲(초라한 세상=외롭고 쓸쓸한 삶)을 돌고 있다. 잠들지 못한 상념일지라도 바람(시간)은 새벽으로 데려다 준다는 것이다.

시 「그 뿐」의 언어는 단음으로 응축된 유순한정서의 메시지이다. '이렇게/머물다 가고/그렇게/또 머물다 가고' 이렇게, 그렇게로 축약된 인생 전반의 삶의 의미는 각기 독자가 내다보는 삶의 크기에 메어진 자유를 부여하고 있다. 때문에 자유로운 상상을 제공하여 정숙靜肅한 마음의 여유가 보인다. 산다는 것은 '그 뿐'이라고 하는 대인군자, 호연지기의 기품을 느끼게 하는 이 시는 생사에 메여 불안 초초해 하지 않는 의연함이 내연에 흐른다. '이렇게 바라보는 구름/그렇게 안고 선 바람/긴 세월 머무는 것/세상에 없나니' 하며 하늘의 구름이나, 대기 중의 바람이거나 어떤 형태로(가난하거나, 부자이거나)의 삶을 산다하더라도 머물다 떠나는 것이며 구름처럼 바람처럼 잠시 흐르다 가면 그 뿐이라는 초연한 자세로 숙연한 마음가짐에 이르게 한다.

구름도 물소리도
풀벌레소리도
흐르는 시간따라
지나간다
어두운 마음도 따라 지나가고

다른 구름과
다른 물소리와
다른 풀벌레소리
환히 다가오는
저녁

마음도 환히 밝아지는
산사의
고즈넉한 뜰에 앉아
어둠을 맞는다
참 나를 맞는다

시 「산사에서」 전문

떠나고 싶다
맨발로 모래 위 달리던,
따가운 햇빛
온 몸에 휘어 감던
기억 다 벗어 놓고

예쁜 코스모스 그려진
경의선 열차에 올라
스치는 창밖 포근한 들녘 보며
정겨운 기차소리에
스르르 잠이 오면

잠시 눈을 감고
꿈을 꾸어도 좋으리
천진한 어린아이처럼

미소 핀 얼굴에
살며시 내려와 간질이는 가을햇살

목적지가 없어도
종착역까지 갔다가
다시 되돌아 와도
가을엔
어디든 떠나고 싶다

시 「가을엔」 전문

곽민숙 시의 흐름을 짚어보면 시혼의 중심을 지키는 굳은 믿음의 실체와 만나게 된다. 불심佛心의 저변에 흐르는 무소유의 가르침으로 소유의 집착을 내려놓고 삼라만상의 진리를 깨닫는 일이다. 우주만물의 흐름은 그 존재로부터 시작하여 허물어지고 세워지고 다시 연속되는 반복 속에서 미세한 실존의 이치를 깨닫는 일이다. 시 「산사에서」는 산사의 뜰에 앉아 마음 환히 밝아오는 도원경에 든 '나'를 만난다. '구름도 물소리도/풀벌레소리도/흐르는 시간따라/지나간다/어두운 마음도 따라 지나가고' 더할 수 없는 선경의 도반에 들어 모든 집착을 내려놓는 경지에 닿고 있다. 어두운 마음도 흘려보낼 수 있는 평정과, 두려움 없이 어둠을 맞이할 수 있는 참 나의 발견이다.

시 「가을엔」은 가을이면 계절병처럼 찾아오는 멜랑콜리한 사색에 빠져 어디론가 떠나고 싶은 심경이 드러나는 시다. 시인의 젖은 감성이 손끝에 묻어나는 이 시는 누구나 느낄 수 있는 가을 앓이 같은 것이다. '떠나고 싶다' 는 의지처럼 어디론가 혼자만의 떠남으로 잃었던 순수를 회복할 것만 같은 기대가 그려진다. 궁극적으로 화자가 기대하는 것은 '맨발로 모래 위 달리던/따가운 햇빛/온 몸에 휘어 감던/기억 다 벗어 놓고' 라는 삶의 열망으로 꿈꾸던 욕심 다 벗어내는 순수로의 회귀를 향한 갈망이다. 잠깐이지만 '예쁜 코스모스 그려진/경의선 열차에 올라/스치는 창밖 포근한 들녘 보며/정겨운 기차소리에/스르르 잠이 오면' 처럼 잠시 눈을 감고 꿈을 꾸어도 좋은 일상으로부터의 탈출을 꿈꾸고 있다. 때묻지 않은 한 폭의 서정을 캠퍼스에 그려낸 반짝이는 언어들과 만날 수 있었다.

노오란 국화꽃 한 무리
지친 등허리에
하얗게 내린 서리
멀어져 가는 향기여

햇살 뒤로 흘러드는 찬바람
쓸쓸함 두고
마주보면 저린 가슴
겨울을 본다

시「초겨울」전문

텅빈 가지를 지나
언 대지를
아프게 때리고 있다

차마 버릴 수 없어
꽁꽁 닫아 건 마음
아프게 맞고 있다

어떤 따사로움도
녹일 수 없는 결빙
쉼 없이 두드리는 차가운 비

겉돌다 제풀에 지쳐
돌아가고 다시
혼자가 되어 버린지 오래

추운 날에
잊고 싶은 기억 하나
또르르 구르다 다시 얼어버리고

시 「겨울비2」 전문

시 「초겨울」과 시 「겨울비2」는 겨울이라는 침묵의 계절을 배경으로 스케치한 메시지와 만나게 된다. 시 「초겨울」은 초겨울의 날씨 속에서 휘어진 등허리에 내린 서리를 처연히 감당하는 노오란 국화꽃 무리의 애잔함을 감지할 수 있다. 4행 2연의 구조로 2음보의 리듬을 살리고 있는 이 시는 하얗게 서리 내려 향기를 잃어버린 시든 꽃이 움츠려 겨울을 맞고 있는 안스러움이 보인다. '노오란 국화꽃 한 무리/시친 등허리에/하얗게 내린 서리/멀어져 가는 향기여//햇살 뒤로 흘러드는 찬바람/쓸쓸함 두고/마주보면 저린 가슴/겨울을 본다' 는 초겨울의 가슴 파고드는 매운 추위로 전하는 빙점의 꽃나무가 겪고 있는 허망함이 측은지심으로 비춰진다. 초겨울 이른 아침, 머리 흰 어머니가 휜 등허리로 그 곱던 시절 내려놓고 서 있는 모습이 클로즈업 되고 있다.

시「겨울비2」는 소통의 화애롭고 아름다움이 아닌 가슴에 쌓인 앙금처럼 지우지 못하는 미련에 대한 회한이 묻어난다. '차마 버릴 수 없어/꽁꽁 닫아 건 마음/아프게 맞고 있다' 는 자책이다. 가시덩굴에 싸인 장미꽃처럼 꽁꽁 닫아 잠근 마음이 차가운 겨울비에 매를 맞고 있는 것이다. '어떤 따사로움도/녹일 수 없는 결빙' 의 마음 그 실존의 크기는 보이지 않으나 겨울비는 쉼 없이 언 대지(닫힌 마음)를 두드리고 마음의 문이 열리기를 시도한다. 다만 닫아 건 마음의 무게를 예감하건데 매우 아름답고 소중할 것이라는 생각이다. 때문에 그만큼 아프고 거듭 아프다. '겉돌다 제풀에 지쳐/돌아가고 다시/혼자가 되어 버린 지 오래//추운 날에/잊고 싶은 기억 하나/또르르 구르다 다시 얼어버리고' 끝내 단절의 경계를 풀지 못하는 대지와 겨울비의 두드림은 결빙의 벽으로 마주 서고 만다.

바라보면
물밀듯 몰려오는
작은 행복

어떤 화남도 다독다독
기어이 마음 녹여주는
어여쁜 연인

흐린 날엔 짙은 보랏빛
밝은 날엔 연한 보랏빛
순응하며 피어나는
여린 풀꽃

있는 듯 없는 듯
낮게 피어나
함께 있어 더 어여쁜 꽃

보랏빛 동산에
꿈꾸듯 떠다니는
청초한 눈망울들

마주보면
덩달아 피어나는
보랏빛 고운 마음

시 「제비꽃」 전문

하얀 꽃잎에
비 섞인 바람
또르르 맑은 물방울에
촉촉한 풀잎 향기

고운 꽃잎 위로
굵은 빗줄기
흐트러짐 없는
꼿꼿한 아름다움

또렷한 백색의 고고함 뒤로
은근히 새어 나오는
부드러운 미소
여유로움을 배운다

시「도라지꽃」전문

어디서든 꽃은
피고 또 진다
비는 언제든 쏟아져 내리고
언제든 그친다
꽃이 핀다고 비가 온다고
늘 기쁘고 늘 슬픈 건 아니다
어디에 있든
언제이건 간에
내가 기쁘다하면 기쁜 것이 되고
내가 슬프다 하면 슬픈 것이 되어버리는
세상의 중심엔
꼭 내가 있다
오늘도 나는 피어나고 또 진다
살아가는 동안 기쁜 마음으로
또 그렇게 피어나고 질 것을

시「들꽃2」전문

꽃은 어떤 모양새를 지녔거나 자기만의 향기를 피우는 아름다운 장점이 있게 마련이다. 하여 한 송이 풀꽃을 들여다보는 기쁨은 무엇으로도 대신할 수 없는 행복이 되곤 한다. 위의 예문에서 제시한 시「제비꽃」, 시「도라지꽃」, 시「들꽃2」으로 묘사된 의도

역시 각기 지니고 있는 이미지가 시인의 시선에 닿아 의미를 표출하고 있을 것이다. 마치 각기 다른 매력을 지닌 여인 세 사람을 만나는 기쁨이지 싶다. 시「제비꽃」의 원형은 시인의 관점에 의해 '어여쁜 연인' 이다. 바라보기만 해도 물밀 듯 밀려오는 작은 행복과 어떤 모난 감정도 다독이며 기어이 마음 녹여주는 사랑이다. '흐린 날엔 짙은 보랏빛/밝은 날엔 연한 보랏빛/순응하며 피어나는/여린 풀꽃//있는 듯 없는 듯/낮게 피어나/함께 있어 더 어여쁜 꽃' 이다. 때로는 배려와 위로를 잊지 않는 존재가 이 시에서 제시하려는 제비꽃의 성품이다.

시「도라지꽃」의 그림은 흐트러짐 없는 고고한 자세의 여인이다. 자존심이 강한 때문에 좀체 실수하지 않는 청초한 아름다움이 이 시의 바탕을 이룬다. '하얀 꽃잎에/비 섞인 바람/또르르 맑은 물방울에/촉촉한 풀잎 향기' 도라지꽃에 접사된 시인의 상상적 언어가 이쯤이면 독자는 이 시인이 펼쳐 놓은 시집읽기의 한마당에 초대되어진 행복을 느낄 수 있으리라는 믿음을 준다. '하얀 꽃잎에 비 섞인 바람' 상상하면 할수록 손끝에 묻어나는 감각적인 시선이 아닐 수 없다. 시는 언어의 그림이다. 이 작품해설의 서두에 제시한 시드니의 '말하는 그림'이 얼마나 아름다운지를 실증해 보여준다. '또르르 맑은 물방울에 촉촉한 풀잎향기' 이는 도라지꽃의 청초함을 그려내는데 유감이 없는 언사임에 분명하다.

시「들꽃2」의 향기를 향해 걸음해 본다. 이 시는 15행의 구조로 의미를 담고 있다. 눈을 번쩍 뜨게 하는 독특한 이미지나 은유도 없지만 행과 행의 결합으로 이룩한 의미 하나의 깊고 그윽한 의

도에 닿지 않을 수 없다. '들꽃'은 화자의 분신이다. '오늘도 나는 피어나고 또 진다/살아가는 동안 기쁜 마음으로/또 그렇게 피어나고 질 것을'인식하면서 생명의 유한한 질서 안에서 피어나고, 지는 것이기에 기쁨으로 살아야 한다는 긍정적 시각이다. '꽃이 핀다고 비가 온다고/늘 기쁘고 늘 슬픈 건 아니다/어디에 있든/언제이건 간에/내가 기쁘다하면 기쁜 것이 되고/내가 슬프다 하면 슬픈 것이 되어버리는/세상의 중심엔 꼭 내가 있다' 위에서 언급하기도 했지만 시인의 달관한 삶의 철학이 면면히 배어나는 여유와 만날 수 있었으며, 시인의 내면의 깊이를 측정할 수 있는 작품과의 대면이었다.

하늘에서
쏟아져 내리는 유리 알갱이
따갑다

발밑에서
꼬물거리는 새 생명의 기척
간지럽다

사방에
떠다니는 기분 좋은 웃음소리
행복하다

시「봄날」전문

마른 나뭇가지
물을 마신다

통통 살 오른
나무의 생가지에
맑은 물방울

젖은 가지사이
앞 다투어 나오려는
소란한 새 움들

하늘 향해 팔 벌려
봄을 마신다

시「봄비1」전문

'하늘에서/쏟아져 내리는 유리 알갱이/따갑다' 는 시「봄날」의 첫 연으로 제시한 시어는 햇살이 유리 알갱이로 쏟아져 살갗을 따갑게 한다는 의도이면서 봄 햇살이 살갗에 닿는 정도를 감각적으로 묘사하고 있다. 선명히 찍힌 인장처럼 독자의 감성에 각인시키는 이 투명한 이미지는 시의 생명력을 보다 기름지고 활기차게 하는 요소가 된다. 햇살이 유리 알갱이로 변형되듯 사물이 또 하나의 사물로 동일시되어 전이되는, 나아가 물아일체物我一體를 이루는 이 도식은 시 정신이며 우주안의 모든 존재가 개별적인 대상이 아님을 증거해 보이는 낙원사상이다. 곽민숙 시인의 여러 시편에서 만나게 되는 이와 같은 의미의 구체적 이미지 구현은 시인의 발전적

시문학 세계의 지평을 여는 바탕이 되리라 생각한다. 봄날의 싱그럽고 환한 생명의 힘을 느낄 수 있었던 시다.

위의 시「봄날」의 공간에서 크게 벗어나지 않는 시「봄비1」는 발밑에서 꼬물거리는 새 생명의 기척 위에 단비로 내리는 봄비의 싱그러움을 말하고 있다. 때문에 이 시는 봄날 생명의 경이로운 움틈 위에 키를 키우는 성장의 의미를 지닌다. 절대적 사랑처럼 봄비는 나뭇가지를 살찌우고 새 움을 틔우는 존재로 자리한다. 봄비는 소란한 생명의 숨소리로 세상에 내려와 마른 나뭇가지의 생명수가 되는 것이다. '마른 나뭇가지/물을 마신다//통통 살 오른/나무의 생가지에/맑은 물방울//젖은 가지사이/앞 다투어 나오려는/소란한 새 움들//하늘 향해 팔 벌려/봄을 마신다' 는 생동하는 나무의 움직임을 그려내는 이 시는 봄비의 거룩한 몸짓을 말하고 있다.

곽민숙 시집의 시를 낱낱이 살피며 사계절로 담아내는 자연과 그리고 시인이 밟고 가는 삶의 의미들과 만날 수 있었다. 물론 자연 속 어떤 대상들도 결국은 사람이 짊어 가는 삶의 형태에서 별개일 수 없다는 시 정신의 깊이를 발견할 수 있었다. 첫 시집은 시인의 혁혁한 문학세계를 여는 단초가 된다. 단순하지 않은 삶의 철학과 종교적 깨달음이 곽시인의 시문학 세계를 불꽃처럼 지펴갈 것이라는 생각이다. 오늘 이렇게 첫 시집이라는 이름의 굵은 획을 긋는 시인의 문학이 더욱 향기롭기를 빌며 시 읽기를 접기로 한다.

봄, 푸른 달빛에 꿈꾸다

곽민숙 시집

봄, 푸른 달빛에 꿈꾸다

곽민숙 시집

단순하지 않은 삶의 철학과 종교적 깨달음 속에서

문학은 진리의 샘을 찾아 떠나는 순례자의 길 저 멀리에서 울려 퍼지는 교회 종소리와 같다. 지친 발걸음으로 높은 등성을 지나 만나게 되는 오솔길에 놓여진 한 무더기 들꽃 같아서 그윽한 향기를 피워낸다. 곤경에 처한 삶의 길에서 마음의 위로가 필요할 때 시문학은 기쁨과 즐거움을 주는 목적을 지니고 있는 까닭이다. 때문에 영국의 시인 필립 시드니는 '시는 가르치고 즐거움을 주는 말하는 그림이다' 라고 했다. 다만 가르친다는 의미는 교육적 의도를 내포했다기보다 독자의 감성에 기대어 깨닫거나 알도록 안내하여 즐거움을 전하는 언어의 그림임을 강조하고 있다. 시인은 시드니의 언급처럼 평생 수없는 언어로 삶의 색채를 그려내는 화가와 다르지 않다.

곽민숙 시인이 첫 시집 「봄, 푸른 달빛에 꿈꾸다」를 묶고 있다. 격월간 문학지 한국문인 신인상 시 부문에 당선되어 묵묵히 다져온 필력을 세상에 내어 놓게 된 것이다. 많은 시인들이 등단이라는 이름을 얻고 시인의 길을 걷고 있지만, 어깨에서 풀지 못하는 짐처럼 작품집 출간의 무게를 안고 사는 시간이 적지 않다. 곽민숙 시인도 생각보다 많은 시간을 미루어 왔다고 본다. 시인에게 시집 출간의 의미는 낱낱의 영혼으로 엮은 소중한 분신이며 기쁨이다. 봄날의 나무 한 그루가 가지 사이로 돋아 올린 푸르른 잎새일 것이며, 꽃송이로 피워 올린 꽃잎일 것이다. 때론 가을 날 붉게 물들여진 아름다운 단풍잎이 되기도 한다. 첫 시집 출간의 공력을 감당하게 된 곽민숙 시인의 시는 이제 세상 속에 나아가 독자의 감성을 밝히는 빛이 될 것이라 생각한다.

– 지연희(시인, 수필가)

www.codmedia.com

값 10,000원

03810

9 788994 178738

ISBN 978-89-94178-73-8